Olivier SUPIOT

tatoo

MILAN
jeunesse

Pour Tamara

À ma famille

Aux enfants de l'école de Louerre...

Du même auteur

AUX ÉDITIONS MILAN

- Tatoo au zoo

AUX ÉDITIONS GLÉNAT

- Marie Frisson
  avec Éric Baptizat-Tehem
  7 volumes

- Le Dérisoire
  avec Éric Omond

- Féroce
  avec Éric Omond

AUX ÉDITIONS LE CYCLISTE

- Erzurum
  avec Olivier Martin

AUX ÉDITIONS PETIT A PETIT

- Poèmes de Baudelaire
  collectif

AUX ÉDITIONS TOUCAN JEUNESSE

- Marie Frisson et la Fabrikamonstre

- Marie Frisson et le congrès des sorcières

- Le Pro des Dinos

- Le Pro des Robots
  avec Tony Emeriau

AUX ÉDITIONS VENTS D'OUEST

- Les aventures oubliées du baron de Munchhausen
  3 volumes

© 2009 Éditions Milan – 300, rue Léon-Joulin, 31101 Toulouse Cedex 9, France

Dépôt légal : 2e trimestre 2009
ISBN : 978-2-7459-3882-4
Imprimé en France par Pollina - L50262B

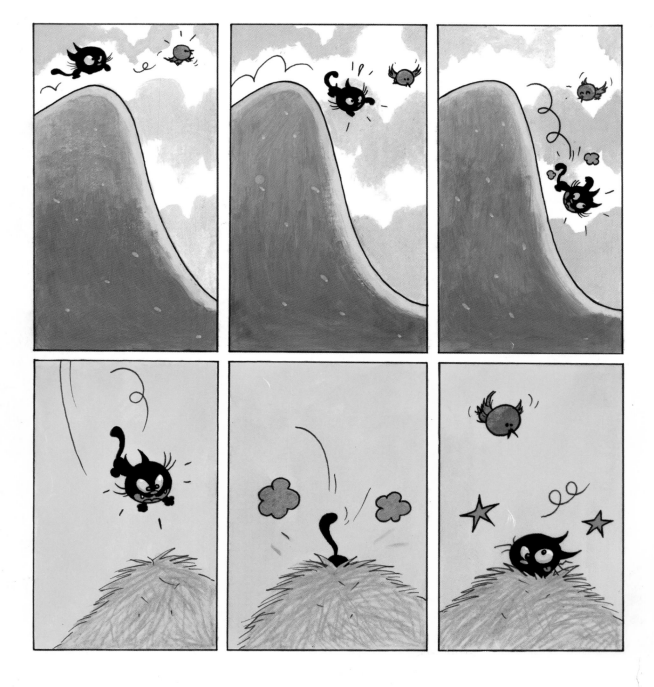

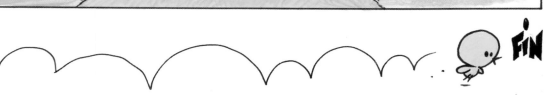